Bibliografische Information der Deutschen Nationalbibliothek:

Die Deutsche Bibliothek verzeichnet diese Publikation in der Deutschen National-
bibliografie; detaillierte bibliografische Daten sind im Internet über http://dnb.d-
nb.de/ abrufbar.

Impressum:

Copyright © 2008 GRIN Verlag, Open Publishing GmbH
Druck und Bindung: Books on Demand GmbH, Norderstedt Germany
ISBN: 9783640490448

Dieses Buch bei GRIN:

http://www.grin.com/de/e-book/139138/was-ist-das-boese

Andy Blum

Was ist das Böse?

Versuch eines differenzierten Begriffsverständnisses in Theologie, Sozial-psychologie, Anthropologie, Philosophie und Erziehungswissenschaften

GRIN Verlag

GRIN - Your knowledge has value

Der GRIN Verlag publiziert seit 1998 wissenschaftliche Arbeiten von Studenten, Hochschullehrern und anderen Akademikern als eBook und gedrucktes Buch. Die Verlagswebsite www.grin.com ist die ideale Plattform zur Veröffentlichung von Hausarbeiten, Abschlussarbeiten, wissenschaftlichen Aufsätzen, Dissertationen und Fachbüchern.

Besuchen Sie uns im Internet:

http://www.grin.com/

http://www.facebook.com/grincom

http://www.twitter.com/grin_com

verfasst für:
Justus Liebig Universität Gießen
FB03: Institut für Erziehungswissenschaften
Seminar: Die Bedeutung der pädagogischen Anthropologie für die Erziehungswissenschaften
SS2008

Was ist das Böse?

Versuch eines differenzierten Begriffsverständnisses in Theologie,
Sozialpsychologie, Anthropologie, Philosophie und
Erziehungswissenschaften

Ausgearbeitet von:
Andy Blum
Diplom Pädagogik / 5.Fachsemester

Inhalt

1. Einleitung

Der im Titel gestellten Frage möge gleich zu Beginn dieser Ausarbeitung eine hinreichende Antwort folgen. Meyers Lexikon Online[1] konstatiert zum Begriff des Bösen eine zunächst klare Definition: *„[Das Böse ist] der ontologisch und metaphysisch dem Guten entgegengesetzte Seinsbereich; in ethischer Bedeutung das als moralisch negativ beurteilte Verhalten und das ihm zugrunde liegende Wollen, sofern dabei seine Verwerflichkeit bewusst ist."* Diese Definition geht von einer parallelen Existenz von Gutem sowie Bösem aus, wobei die Frage offen bleibt, inwieweit sich beide Faktoren beeinflussen oder sogar koexistieren können. Gleichzeitig befasst sich die Definition mit dem Wollen zur bösen Tat unter der Voraussetzung, dass ihre moralische Einstufung bekannt ist. Dieser Grundsatz stellt sich jedoch gegen den allgemein geltende Bedingung, dass die Unwissenheit nicht vor Strafe schützt. Wird davon ausgegangen, dass Delinquenz der Ausdruck des Bösen ist, so weichen hier die Ansichten auseinander. Festzuhalten ist dennoch, dass bei der Beschäftigung mit den Dimensionen Gut und Böse stets ein Diskurs über herrschende Normen und Werte mitgeführt werden muss, wobei der eigene Standpunkt eine wichtige Rolle in der Frage nach der Bestimmung von Gutem und Bösen einnimmt.

Die folgende Ausarbeitung soll nun einen allgemein gehaltenen Einblick in das Verständnis des Bösen geben, wobei sich die Ausführungen fortwährend mit dem Werteverständnis einer christlich geprägten westlichen Welt auseinandersetzen. Denn wie bereits erwähnt, kann nur dort einheitlich von diesem Begriff gesprochen werden, wo Normen und Werte hinreichend geteilt werden.

Der Aufbau der Arbeit gestaltet sich folgendermaßen: Begonnen wird mit dem theologischen Ursprung des Bösen. Hier soll aufgezeigt werden, woher die Aufteilung dieser Dimensionen stammt. Ebenso wird hier bereits die Frage untersucht, wo das Böse zu suchen und wie es zu klassifizieren ist. Daran anschließend wird der Begriff des Bösen innerhalb der Philosophie vorgestellt und im Hinblick auf die Ideen der Aufklärung erneuert. Von allgemeinem Verständnis geprägt befasst sich der dritte Abschnitt mit den Äquivalenten des Bösen, dem antisozialen Verhalten, der Aggressivität und der Delinquenz. Diese Faktoren werden mit speziell sozialpsychologischen Erkenntnissen fundiert. Die Kernfrage ist hier, wie böses Verhalten ausgelöst oder gar vermieden werden kann. Mit Verweis auf die Gedanken der Aufklärung wird hier aufgezeigt, wie weit der Mensch für sein Verhalten zur Verantwortung gezogen werden kann und ob Delinquenz absolut mit bösem Verhalten gleich gesetzt werden kann.

---

[1] vgl. http://lexikon.meyers.de/

Um das Seminarthema nicht aus den Augen zu verlieren wird anschließend die Aufmerksamkeit auf die Anthropologie gelenkt, wobei hier die Erkenntnisse zum Menschen dafür verwendet werden, den Begriff des Bösen auf seine Aktualität und Anwendbarkeit hin zu überprüfen. Mit Ende dieses Absatzes soll eine Konsequenz für die heutigen Erziehungswissenschaften hergeleitet werden, in der alle zuvor dargestellten Fakten verwendet werden, einen anwendbaren Moralbegriff und Handlungsrahmen für die Pädagogik abzuleiten.

2. Der theologische Ursprung des Bösen

Dierk Lange hat in dem Buch „Das Böse in der Geschichte" von Werner Ritter unter der Überschrift „Der Ursprung des Bösen" die Herkunft der klaren Einteilung in Gut und Böse folgendermaßen erläutert.[2] Der Polytheismus schuf Kultparteien, die sich einer jeweiligen Gottheit zuordneten, wobei andere Götter mitunter negativ bewertet wurden. Jede Partei nahm für sich in Anspruch, dem guten Gott anzugehören. Unter diesen Umständen war eine objektive Einschätzung darüber, welcher Gott der einzig Gute ist ausgeschlossen, da die Kultparteien sich in oppositioneller Haltung mit gleichen Argumenten gegenüberstanden. Der Monotheismus hingegen hob eine Opposition auf, die für sich ebenfalls das Gute in Anspruch nehmen konnte. Die Gefolgschaft des einen Gottes konnte nun das Böse benennen, welches sich durch fehlende Anhänger nicht gegen diesen Vorwurf wehren konnte. Am christlichen Beispiel betrachtet, wählt Gott sodann die Menschen als irdisches Sprachrohr, seine Lehre zu verkünden. Der Teufel hingegen besitzt dieses Sprachrohr nicht, verstummt also unter den Vorwürfen, nur die Lehre des einen Gottes sei die Lehre des Guten[3]. Der Monotheismus brachte eine einheitliche Moral hervor, die notwendig ist zur Bestimmung von Gut und Böse.

Das Böse wird in diesem Kontext als die Abkehr von Gott bezeichnet. Schwierig aus heutiger Sicht ist dabei der Umstand, dass die Zehn Gebote, wie sie in der Bibel auftauchen durch ihren autoritären Ton und ihren ultimativen Anspruch die eigene Handlungsfreiheit minimieren und den Menschen in seinem Verhalten extrinsisch zum Guten motivieren.[4] Der weitreichenden Frage, wie frei der Mensch tatsächlich sei und welche Umstände dieses Problem beeinflussen soll hier nicht weiter nachgegangen werden. Die Konsequenz der Abkehr von Gott ist hingegen sehr interessant im Zusammenhang mit der offenen Frage nach

---

[2] vgl. W. Ritter [Hrsg.] (2001) „Das Böse in der Geschichte", Röll Verlag, Dettelbach, S.28f
[3] im Folgenden werden ausschließlich christliche Wertvorstellungen untersucht. Parallelen zu anderen Religionen sind allerdings durchaus vorhanden
[4] vgl. Bibel Ex 20,1-17 sowie Dtn 5,1-21

dem Bösen. Es gibt traditionell zwei Szenarien, welche die Auswirkungen von Gutem bzw. Bösen in der christlichen Religion verdeutlichen.

Das klassische Szenario ist die Lehre von Himmel und Hölle. Jedoch wird gerade im Christentum vielfach um die Bedeutung und die generelle Existenz einer Hölle gestritten. Landläufig herrscht allerdings weit verbreitet die Meinung, dass böse Taten den Täter nach dem Tod in die Hölle führen. Papst Benedikt XVI. beschrieb im Kompendium Katechismus der katholischen Kirche 2005 unter Punkt 212 die Hölle als Ort der größten Distanz zu Gott.[5] Hier befinden sich Mensch die aus freiem Willen heraus in Todsünde sterben. Pein und Schmerz, wie sie in mittelalterlichen Höllendarstellungen verbreitet sind, fehlen in dieser Ausführung. Lediglich das Fehlen von Gott wird als größte Strafe für den Sünder gesehen. Alternativ schafft das Himmel-Hölle-Modell einen Ausgleich zu den Missverhältnissen im Leben. So werden die im Leben Wohlhabenden in der Hölle gepeinigt, wo hingegen die Armen und Kranken im Himmel getröstet werden.[6] In einer letzten Option findet sich das Fegefeuer als Erleichterung zur Hölle. Der Aufenthalt hier ist temporär und an die Schwere der Sünden gebunden. Hat der Mensch seine Zeit dort verbüßt, kann er in das Himmelreich aufsteigen.

Das zweite Szenario führt an der Hölle vorbei und vertieft den Sündenbegriff. Zunächst sollen die zwei Varianten der Sünde eingeführt werden, wie sie Gustav Mensching in „Das Böse in der Geschichte" vorstellt.[7] Die Tatsünde (peccatum actuale) bezeichnet jeden Vorgang, der gegen die Gebote Gottes verstößt. In diesem Fall ist die Tat selbst böse, nicht die ausführende Person. Für diese Form der Sünde kann umgehend Buße getan werden. Die generelle oder auch Erbsünde (peccatum essentiale) hingegen verfolgt den Menschen bereits ob seiner Existenz. Die allgemeine Sündhaftigkeit des Menschen versperrt ihm den Zugang zu Gott. In der Manier einer Art Weltformel steht es dem Menschen zur Aufgabe, sich von der Erbsünde zu befreien, um vor Gott treten zu können. Der Täuferbewegung nach erfolgt ein Loslösen von der Erbsünde bereits bei der Taufe. Dies wird durch die Annahme unterstrichen, dass am Tag des Jüngsten Gerichts die Menschen geteilt und ihrer Gesinnung nach in den Himmel herauf oder die ewige Verdammnis herab geschickt werden.[8] G. Lohfink geht in seinem Text „Der Gott des Gerichts und der Gott des Erbarmens" sogar so weit in der Behauptung, die Taufe sei am Tag des Jüngsten Gerichts das *letzte Angebot Gottes* das den Menschen retten

---

[5] http://www.vatican.va/archive/compendium_ccc/documents/archive_2005_compendium-ccc_ge.html
[6] vgl. Bibel Luk.16,19-31
[7] vgl. W.Ritter S.31ff
[8] vgl. Bibel Mt 25, 31-46

kann.[9] In diesen Ausführungen verkörpert Gott selbst den Teufel und richtet über den Menschen. Diese Ansicht steht jedoch kontrastär zur verbreiteten Aussage, eines gütigen Gottes, wie er auch in den neutestamentlichen Verkündungen Jesu zu finden ist.

Trotz bekannter Unstimmigkeiten, innerhalb der christlichen Lehre, lässt sich für den hier behandelten Themenschwerpunkt festhalten, dass die Sünde ein wichtiges Äquivalent für das Böse ist und Gott die Extremste Form des Guten stellt. Ersetzen wir nun als Abschluss dieses Abschnittes „Gut" und „Böse" durch „Nähe zu Gott" und „ultimative Sündhaftigkeit", so erhalten wir einen Einblick in das Verständnis des Bösen innerhalb der christlichen Theologie.

3. Das Böse in der Philosophie und das Verständnis der Aufklärung

Um an das letzte Kapitel anzuschließen, soll zunächst der Sündenbegriff in Verbindung mit der Entstehung der Philosophie erneut aufgegriffen werden. Gustav Mensching verknüpft hier die Sündhaftigkeit mit der Einführung des Geldes.[10] Die Philosophie sei ebenso wie die Theologie eine Form des abstrakten Denkens. Sachverhalte werden behandelt, die außerhalb des Greifbaren und Anschaulichen liegen. Auf dieser Ebene findet auch die bereits eingeführte Seins- bzw. Erbsünde ihren Platz. Nach Mensching ist die Philosophie eine Qualität der Handelsgesellschaft, da das Geld selbst, als an sich wertloses Material, das abstrakte Denken voraussetzt und kultiviert. Geld nimmt eine stellvertretende Position ein für alle Güter, die gebraucht oder gewünscht werden. In urproduktiven Völkern galt der Grundsatz, dass das Geben selbst eine Eigenschaft Gottes ist, wogegen das Nehmen rein menschlich war. Reziprozität in der Warenvergabe galt im Tauschhandel, jedoch gaben die, die es konnten stets ein wenig mehr um sich Gott anzunähern. Dieser Zustand wurde durch die Einfuhr des abstrakten Zahlungsmittels Geld verworfen. Hier galt nun ein Hortungsverhalten. Das Ansammeln – gleich dem Nehmen – von Reichtum zur Verwirklichung aller potentiellen Wünsche wurde kultiviert. Folglich war es diese Eigenschaft, welche die Entfernung zu Gott erweiterte, wodurch die Seinssünde den Menschen konstant von Gott trennt.

Um nun chronologisch die Umwälzung der alten Moral zu initiieren und den Begriff der Sünde ebenso wie die Instanz Gott aus der Diskussion zu nehmen, wird Immanuel Kant als wichtigster Vertreter der Aufklärung herangezogen. Die Aussage *„habe Mut dich deines*

---

[9] In: M. Hengel et al. (1986) „Heute von Gott reden", Chr. Kaiser, München
[10] vgl. W.Ritter S.38-45

eigenen Verstandes zu bedienen" [11] entmachtete das Gebot Gottes und verlagerte das extrinsische „du sollst" hin zur intrinsisches Motivation „ich will". Die Aufklärung bietet dem Menschen den *„Ausgang aus der selbstverschuldeten Unmündigkeit"* [12], was eine Ablösung von der totalitären Moral der Kirche bedeutet. In einfacher Form benennt Kant im Kategorischen Imperativ, welche Moral fortan das Zusammenleben der Menschen prägen möge und definiert somit indirekt, was Gut und Böse bedeutet: *„Handle nur nach derjenigen Maxime, durch die du zugleich wollen kannst, daß sie ein allgemeines Gesetz werde."* [13] Allgemeiner besagt dies, dass jeder Mensch so handeln soll, wie er selbst behandelt werden will. Dieser Gedanke findet sich bis heute im Artikel 2 des Grundgesetzes. Jeder Mensch besitzt die gleichen Rechte zur Entfaltung seiner persönlichen Freiheit unter der Vorrausetzung, dass niemand durch die Ausübung dieser Freiheit an seiner eigenen Entfaltung gehindert wird. Der Grundstein des sozialen Zusammenlebens, sowie dessen Niederschrift im Grundgesetz der Bundesrepublik Deutschland findet sich demnach in den Kerngedanken der Aufklärung. Die Moral hier ist geprägt von einer friedlichen und gleichberechtigten Koexistenz aller Menschen. Böse ist folglich jedes Verhalten, dass gegen diese Moral verstößt. Nach Kant gibt es zudem keinen Zweck, der irgendeine Form von Mitteln heiligt. Es sei nach der Aufklärung also unvereinbar eine Straftat durch das wissentliche Begehen einer anderen zu verhindern. Auch diese Idee wurde im Rechtssystem der Bundesrepublik weitestgehend übernommen, ist aber in der landläufigen Moral nicht bindend und gehört zu den ungelösten ethischen Fragen. [14]

Georg Wilhelm Friedrich Hegel fügte der Idee der Aufklärung einige Punkte hinzu. Auf Grund der Vielzahl und der Komplexität der Werke Hegels – die den Rahmen dieser Ausarbeitung übersteigen würden – wird hier lediglich auf die Dialektik eingegangen. Die Dreigliedrigkeit von These-Antithese-Synthese veranschaulicht einen stetigen Prozess hin zu einem besseren Zustand. Schlechte Anteile werden erkannt und entfernt, wodurch der Perfektion näher gerückt wird. Die Perfektion symbolisiert in diesem Fall das Gute, die Schlechten Anteile bzw. der Ursprung der Entwicklung steht für das Böse von dem sich stetig getrennt wird. Gleichzeitig beinhaltet dieses Modell die Annahme, dass jeder Zustand temporär limitiert ist, bis er durch einen besseren ersetzt wird. Die herrschende Moral erscheint somit als flüssiges Objekt, welches seine Form fortlaufend ändert, Anteile einbüßt

---

[11] vgl. I.Kant (1784) „Zur Beantwortung der Frage: Was ist Aufklärung?"; In: Berlinersche Monatsschrift, Dezember 1784
[12] ebd.
[13] vgl. I. Kant (1786) „Grundlegung zur Metaphysik der Sitten" (2. Auflage), Riga, S.51
[14] vgl. Heinz Dilemma; In: A. Colby, L. Kohlberg et al. (1987) „The Measurement of Moral Judgement Vol 2", Cambridge University Press,

und erhält. Hegel erkennt dabei an, dass es durchaus Konflikte zwischen subjektivem Willen und dem Rechtswillen geben kann. Jedoch sieht er bereits in der Absicht, gegen den Rechtswillen zu handeln einen strafwürdigen Umstand.[15] Das Böse klar zu benennen und zu verurteilen ist allerdings durch die dialektische Endlichkeit jeder Moral deutlich erschwert.

Friedrich Nietzsche brachte eine vollkommen neue Moral in den Diskurs. Auch er leugnete eine von Gott gegebene Moral, rief sogar offenkundig dessen Tod aus, gleichzeitig verwarf Nietzsche aber auch aufklärerische Gedanken der Mitmenschlichkeit und Gleichberechtigung. Mit klar ausgesprochener Distanz zu Rassenideologie und nationalsozialistischem Gedankengut – wie die Ideen Nietzsches später pervertiert wurden – soll auf die neue Moral nun eingegangen werden. Sehr nah am modernen Satanismus gelegen vertritt Nietzsche die Ansicht, dass eine Gruppe von Menschen (genannt Übermenschen), über die Übrigen emporsteigen wird. Der Wille zur Macht ist zentrales Element und ersetzt hiermit die Vernunft. Weder soll den Schwachen geholfen werden, noch sollen sie vernichtet werden, oder ihnen Gewalt angetan werden.[16] Die Übermenschen degradieren, den jetzigen Menschen zum Tier, ganz wie es in der Evolution bereits geschehen ist. Auch hier verschwanden alle Vorgänger des Homo Sapiens Sapiens scheinbar auf natürliche Weise. Eben dieses elitäre Prinzip findet sich ab 1966 auch in der von Anton Szandor LaVey gegründeten Church of Satan. Unter dem Wahlspruch „Tu, was du willst!" wird ein radikaler Egoismus propagiert, der Mensch selbst in den Status eines Gottes erhebt. Das Böse selbst verschwindet, da selbst das Teufelskostüm getragen wird. Der Begriff wird durch „schwach" ersetzt und steht fortan für alle Kerninhalte der christlich-dogmatischen Moral und ihren Erscheinungsformen in der sozial-demokratischen Gesellschaft. Dennoch wird auch hier die Anwendung von Gewalt als Mittel zur Macht ausgeschlossen. Die Überlegenheit bewegt sich auf geistiger Ebene in einem von der Gesellschaft isolierten Raum.[17]

Tatsächlich aber hat sich diese Minoritätenherrschaft und der ausgeprägte Anthropozentrismus nach Nietzsche und LaVey nicht durchsetzen können und wird von der Gesellschaft vielmehr als antisozial und schädlich bewertet.

Zusammenfassend gibt es in der Philosophie ein breites Spektrum an Moralverständnissen, was die Definition von Gut und Böse durch ständigen Positionswechsel nahezu unmöglich macht. Gewalt – so scheint es – gilt dagegen gemeinhin als ablehnenswert, folglich als böse.

---

[15] vgl. C.W.F. Hegel (1821) „Grundlinien der Philosophie des Rechts", S.208 & 218f
[16] vgl. http://www.dober.de/religionskritik/gott_ist_tot.html
[17] vgl. B. Roccor (2002) „Heavy Metal – Kunst, Kommerz, Ketzerei" (3.Aufl.), I-P Verlag, Berlin S.250ff

4. Antisoziales Verhalten, Aggressivität und Delinquenz

Da sich bisher mit dem konkreten Begriff des Bösen befasst wurde und auf dieser Ebene keine einheitliche Erkenntnis erlangt werden konnte, befasst sich dieser Abschnitt nun mit den allgemein anerkannten Erscheinungsformen des Bösen. Auf der Grundlage psychologischer Erkenntnisse werden nun die Ursachen für antisoziales Verhalten, Aggressivität und Delinquenz ergründet, wobei auch hier verschiedene Szenarien und Auslegungen den Blick auf eine klare Moral verwischen können. Generell ist es dennoch anzuerkennen, dass besonders auf der Grundlage der biblischen Gebote und der Gesetzgebung der Bundesrepublik Deutschland diese drei Verhaltensweisen als moralisch verwerflich einzustufen sind.

Zur Veranschaulichung der Ausprägung antisozialen Verhaltens wird der Begriff des Vorurteils herangezogen, da dieser aufgrund seiner Präsenz innerhalb der Gesellschaft eine enorme Relevanz für diesen Diskurs erhält. *„[Ein Vorurteil ist] eine gelernte Einstellung gegenüber einem Zielobjekt, die negative Gefühle [...], negative Überzeugungen [...], welche die Einstellungen legitimieren, und eine Verhaltensabsicht umfasst, Objekte der Zielgruppe zu vermeiden, zu kontrollieren, zu dominieren oder auszulöschen."*[18] Diese Definition beinhaltet viele Motivationsaspekte zur Vernichtung sozialer Koexistenz und subsumiert viele Facetten antisozialen Verhaltens. Hierunter fallen beispielsweise sämtliche „Sündenbock-Beschuldigungen", die in der Geschichte mitunter zur Hexenverfolgung, den Kreuzzügen oder auch dem dritten Reich geführt haben. Vorurteile dienen bei solchen Ereignissen durch Sammlung fingierter Fakten als Legitimationsgrundlage. Psychologisch ist die Funktionalität leicht zu begründen. Um sich selbst und alle Bekannten zu schützen wird die eigene Gruppe über anderen Gruppen emporgehoben. Gerade Minderheiten oder Gruppen mit eingeschränkter Handlungskraft, die sich außerhalb des eigenen Erfahrungsbereichs bewegen können als Projektionsfläche aller Ängste dienlich sein und werden mit verallgemeinernden Eigenschaften versehen, die durch Unkenntnis der Gruppe und fehlende Interventionskraft von außen nicht relativiert werden können.[19] Hierdurch wird eine affektive Haltung initiiert, die den gesamten Hass und die gesamte Wut der eigenen Lage an die Außengruppe überträgt. Durch gruppendynamische Prozesse entsteht ein erhöhtes Aggressionspotential, welches in überhöhter Ausprägung bis hin zu Kriegen und Völkermorden führen kann.[20]

Es ist nicht zwingend notwendig, dass ein Vorurteil diese Ausmaße annimmt, dennoch verbleibt das Potential eines Vorurteils darin, eine Person sozial zu degradieren. In welchem

---

[18] vgl. P.G.Zimbardo et al. (2004) „Psychologie" (16.Aufl.), Pearson Studium, München, S.863
[19] siehe Abschnitt 2: Kultparteien im Poli- und Monotheismus
[20] vgl. Zimbardo Kapitel 17.1 sowie 18.3, 18.4

Ausmaß dies geschieht ist sehr variabel. Die Löschung von Vorurteilen erfolgt allerdings sehr langsam. Wichtigster Inhalt hier, ist das Kennenlernen der Außengruppe. Hinzu kommt das Besitzen gemeinsamer Ziele bzw. auch die gemeinsame Sanktionierung. Unter diesen Umständen lässt sich verdeutlichen, dass Mitglieder verschiedener Gruppen nicht so unterschiedliche Menschen sind, wie es zuvor angenommen wurde.[21]

Aggression als weitere Form antisozialen Verhaltens und möglicher Inhalt der Ausformung von Vorurteilen erfüllt hingegen einige evolutionäre und darwinistische Grundgedanken. Zu unterscheiden sind hierbei zwei Formen menschlicher Aggression. Die impulsive Aggression entzieht sich der persönlichen Kontrolle und ist emotionsgeleitet. Sie ist Reaktion auf ein Ereignis. *„Im Eifer des Gefechts reagieren Menschen aggressiv."* [22] Diese Form der Aggressivität teilt der Mensch mit dem Tier. Die zweite Form ist die instrumentelle Aggression, sie ist wissensbasiert und wird überlegt zur Erreichung von Zielen eingesetzt.[23] Bei dieser Form wird eine persönliche Vorarbeit geleistet, bei der der Einsatz von Aggression als legitimes Mittel einzustufen ist. Die Diskrepanz der beiden Formen besteht mitunter auch darin, in wie weit von eigenverantwortlichem Handeln die Rede ist, oder um es in den Worten der, in der Einleitung gegeben Definition des Bösen, zu formulieren: In welchem Fall das Wollen zur Normverletzung vorliegt. Dies soll jedoch am Ende des Abschnitts genauer untersucht werden.

Als letzte Gleichsetzung mit dem Bösen wird nun die Delinquenz betrachtet. Delinquenz (Neigung zu kriminellem Verhalten) als solche definiert sich über das herrschende Rechtssystem. An diesem wird gemessen, welches Verhalten als kriminell einzustufen und demnach zu sanktionieren ist. Die kriminelle Handlung ist allerdings nicht pauschal als Böse zu kategorisieren, wie bereits das in Abschnitt 3 angesprochene Heinz-Dilemma beweist. Es ist eine ethische Grundfrage, unter welchen Voraussetzungen das Gesetz seine allgemeine Gültigkeit verliert. An einem anderen Beispiel eröffnet sich auch die Frage nach dem Sinn einer Gesetzgebung, die den Menschen entmündigt, wobei durch sein Verhalten niemandem geschadet wird außer möglicherweise dem Verursacher selbst. Das Beispiel bezieht sich hier auf den Drogenkonsum.[24] Der Konsum psychoaktiver Substanzen wird als krimineller Akt angesehen, demnach mit einer bösen Handlung gleichgesetzt. Tatsächlich schadet der reine Konsum keinem anderen Menschen, oder schränkt irgendeine dritte Person in der Ausübung ihrer Freiheit ein. An Positionen wie dieser löst sich das Gesetz von den Gedanken der

---

[21] vgl. Zimbardo S.819ff
[22] vgl. Zimbardo S.807
[23] ebd.
[24] bezogen auf J. Ill-Kim (2003) „Drogenkonsum von Jugendlichen und suchtpräventive Arbeit", IKO-Verlag, Frankfurt

Aufklärung und kehrt zurück zu dem Schema eines „du sollst"-Verhalten, wie es in der Bibel propagiert wurde. An Positionen die mitunter auch als Kavaliersdelikte bezeichnet werden, fordert das Gesetz einen unbedingten Gehorsam gegenüber der autokratischen Herrschaft des Staates. Delinquenz kann hier gleichwohl Ausdruck von Selbstbestimmtheit sein, wobei der persönliche Sinn eines Gesetzes nicht gefunden, das Gesetz somit geleugnet wird. Es ist nicht absolut mit einem Wollen zu negativem Verhalten verbunden und muss nicht zwingend anderen Mitgliedern der Gesellschaft schaden. So finden sich beispielsweise im US-amerikanischen Rechtssystem viele Überreste einer heute obsoleten Gesetzgebung, deren Einhaltung unter heutigen Bedingungen in keinem Fall mit der Ausübung des Guten übereinstimmt. Delinquenz kann im weitesten Sinne als dialektischer Prozess aufgefasst werden, unter der Voraussetzung der zuvor genannten Bedingungen einer allgemeinen, sozialen Norm.

Unreflektierter, unbedingter Gehorsam gegenüber Autoritäten ist eine gute Überleitung hin zu der Frage, wie frei der Mensch in seinem Verhalten ist. Wie soeben angesprochen, fordert das Gesetz unter Androhung von Sanktionen die Einhaltung bestimmter Normen. Es wird zur Normgebenden Instanz. In der Psychologie wird hier von der Konstruktion sozialer Realitäten gesprochen, in denen Rollen und Normen etabliert werden, die von Menschen auch auf Grund des Konformitätsdrucks übernommen und erfüllt werden. Das Stanford-Gefängnis-Experiment hat ebenso wie das Gerhorsamkeitsexperiment von Milgrim bewiesen, welche fatalen Folgen die Norm hat, der Autorität zu gehorchen.[25] In erstem Fall wurden Menschen zufällig in die Gruppen Wärter und Gefangene eingeteilt und in eine simulierte Gefängnissituation gebracht. Die so entstandenen Machtverhältnisse brachten die Menschen dazu sich ihrer Rolle gemäß zu verhalten in einer derartigen Ausprägung, dass das Experiment nach wenigen Tagen beendet werden musste. Im Fall des Milgrim Experiments sollten Probanden den Lernerfolg von Konföderierten bewerten und bei Fehlern einen gezielten Elektroschock setzen, dessen Dosis mit Anzahl der Fehler stieg. Hier zeigte sich, dass Menschen bereits waren, gefährliche Dosen von Elektroschocks zu verteilen, sofern sie von der Versuchsleitung fortlaufend dazu gedrängt wurden. Beide Fälle zeigen, dass es variabel ist welche Einstellung der Mensch mit sich bringt, dass er unter gewissen Bedingungen scheinbar machtlos ist, dem bösen Verhalten zu widerstehen.

Festzuhalten bleibt auch nach diesem Abschnitt, dass das Böse schwer zu definieren ist und sich selbst das Gesetz nicht eindeutig zu einer Bestimmung nutzen lässt, da sich gerade soziale Subsysteme in einem Bereich bewegen, der die allgemeine Gesetzgebung zwar

---

[25] vgl. Zimbardo S.753-756 sowie S.823-829

überwiegend tangiert, jedoch nicht vollständig teilt. Dennoch kann weiter davon ausgegangen werden, dass es als Böse einzustufen ist, anderen Menschen Schaden zuzufügen, sofern das Verhalten unter eigener Kontrolle stattfindet. Für Affekthandlungen, die sich der eigenen Kontrolle entziehen, sieht selbst das Gesetz eine Sonderregelung vor, wobei der Mensch nicht als böse, sondern vielmehr als Opfer seiner Triebe verstanden wird.

5. Anthropologische Gedanken zum Thema

Viele zuvor behandelte Themen finden ihren Platz ebenso in der Anthropologie, da sich alles bisher Angesprochene mit dem Wesen des Menschen befasst. Nun soll tiefer ergründet werden, woher der Hang über das Böse zu sprechen und Böses zu tun herrührt und inwieweit die anthropologische Ethik von der Schuldfähigkeit des handelnden Menschen ausgeht.

Die Notwendigkeit von Kultur – und ihrer zugrunde liegenden Normen – wird anthropologisch durch die Theorie begründet, der Mensch sei von Natur aus ein Mängelwesen. In der pessimistischen Sichtweise nach A. Gehlen wird die Kultur als kompensatorische, sogar überlebensnotwendiges Moment gesehen, welche die unzureichenden Fähigkeiten des Menschen (fehlende Spezifikation des Körpers, sowie Fehlen von Instinkten und Trieben) ausgleicht. Diogenes hingegen vertritt in neutraler Position die Ansicht, dass gerade diese biologische Ausstattung den Menschen erst dazu befähigt in einen differenzierten Bezug zu sich zu treten. J. G. Herder bringt in seine Auslegung den Begriff der Freiheit ein. Demnach besitzt der Mensch durch das Fehlen jeder Vorbestimmtheit die Freiheit, nach Perfektion zu streben. Kultur ist nicht das resultierende Ziel, sondern nur Werkzeug zur Verwirklichung von Perfektion.[26] In allen drei Ausführungen ist die Grundlage für die Kultur, ein Werte- und Normensystem, die evolutionäre Ausprägung des Menschen an sich. Fraglich ist hierbei jedoch, was einige Personen dazu bewegt, dieses System zu ignorieren, ihm sogar entgegen zu arbeiten, obschon es der Grundlage ihrer Existenz gemäß erschaffen wurde. Hier trifft die Idee der Freiheit des Menschen. Jedoch ist sich die Anthropologie uneinig darüber, wie frei – wie schuldfähig – der Mensch für sein eigenes Handeln eigentlich ist. Im Vergleich zum Tier verhält sich der Mensch teils irrational und, allein durch das Fehlen von diesen, entgegen jeder instinktiven Skripte. Sollte sich herausstellen, dass der Mensch tatsächlich unfrei in seinem Handeln ist, so erübrigt sich jede Diskussion über die Existenz des Bösen gänzlich.

Burrhus F. Skinner vertritt eine behavioristische Position und streitet jede Existenz von Freiheit gar ab. Er geht davon aus, dass die Macht von positiven Verstärkern zwar nicht das

---

[26] vgl. J.Zirfas (2004) „Pädagogik und Anthropologie", Kohlhammer, Stuttgart, S.10-13

konkrete Handeln determinieren, jedoch Grundlage jeder Motivation und jedes Wunsches sind. So kann ein kontrollierter Rahmen, in dem sich der Mensch frei und unbeobachtet fühlt dieses Gefühl zwar simulieren, seine Handlungen jedoch durch den Einsatz verschiedener Verstärkerpläne hinreichend beeinflussen.[27] Eben hier ist ein Szenario dargestellt, in dem dem kontrollierten Menschen jede Schuld für sein Verhalten folglich abzusprechen ist. Differenziert werden muss dennoch. Da dieser Mensch sich unter der Kontrolle anderer Menschen befindet, deren Freiheit durch den Versuch nicht eingeschränkt ist, kann diesen die böse Absicht im Verhalten des Kontrollierten nicht abgesprochen werden. Das Böse bleibt, verschiebt sich lediglich von dem instrumentalisierten Unmündigen auf dessen Führer.

Bernard Hassenstein sucht einen Mittelweg zwischen Eigenverantwortung und unfreiem Handeln in der verhaltensbiologischen Position. So ist der Mensch im Geist zwar frei, jedoch durch seinen irdischen Körper an biologische Zwänge gebunden. *„Ein Autofahrer sitzt am Steuer seines Wagens und kämpft, um wachzubleiben gegen die biologische Gewalt der Schläfrigkeit"* heißt es da um die Position zu veranschaulichen. Es besteht ein stetiger Kampf darum, welche Macht die Stärkere ist. So ist der Mensch gerade dann Opfer seiner Triebe, wenn sie besonders ausgeprägt auftreten.[28] Ob und in welchem Zusammenhang das böse Verhalten mit biologischen Determinanten zu vereinbaren ist, ist jedoch unklar. Die zwei Formen der Aggression fügen sich allerdings gut in dieses Modell ein.

In der psychotherapeutischen Position gibt Viktor E. Frankl dem Menschen das Lenkrad seines eigenen Handelns vollständig zurück und vermeidet jede Legitimation zur Lethargie in der Erkenntnis, Teile seines eigenen Handelns nicht beeinflussen zu können. Anerkannt bleibt, dass Erbe und Umwelt den Menschen bestimmen, sie bestimmen im Zusammenspiel den Rahmen, in dem sich der Mensch bewegt. Oder anders, sie geben die Dimensionsstränge vor, auf denen der Mensch auf und ab läuft. Doch wohin der Mensch läuft unterliegt seiner eigenen Entscheidungsfreiheit. Lediglich die Frage, wie weit er laufen kann ist durch Erbe und Umwelt begrenzt. Damit appelliert Frankl an den Geist des Menschen sich über äußere Umstände zu erheben und sein Potential nach seinen Bedürfnissen eigenverantwortlich zu maximieren.[29] In diesem Modell ist die Schuldfrage demnach nur dann zu leugnen, sofern Gene und Umwelt einen Rahmen konstruieren, der auf jeder Seite im Bereich des Bösen liegt, dem Menschen somit nur die Freiheit lässt, sich für verschiedene böse Taten zu entscheiden. Diesen ultimativen Fall wird es gerade auf Grund mangelnder Beweisbarkeit „schlechter

---

[27] In: G.Buboltz, U.Klein (1996) „Wegweisungen – Auf der Suche nach gelingendem Leben", Patmos Verlag, Düsseldorf, S.33
[28] vgl. Buboltz S.34
[29] vgl. Buboltz S.35

Gene" in naher Zukunft nicht geben. Die Schuld für böses Verhalten liegt demnach im Verursacher selbst.

Soviel lässt dieser kurze Einblick in die Anthropologie ableiten: Die Normgesellschaft und damit ein Verständnis von Gut und Böse liegt, irdisch gesehen, einzig in der Natur des Menschen. Die Freiheit des Einzelnen, eigenverantwortlich zu handeln, kann durch verschiedene Faktoren eingeschränkt werden. Jedoch kann der Menschheit allgemein die Schuld für ihr Handeln nicht abgesprochen werden. Der Wille zum Bösen bleibt Grundlage des Verhaltens.

6. Die Konsequenz für die heutigen Erziehungswissenschaften

Die notwendige Erziehung eines Menschen bestimmt gerade in den ersten Lebensjahren die Umwelt eines Kindes. Sie ist maßgeblich für die Sozialisation verantwortlich und prägt das gesamte Leben eines Menschen. Gerade unter diesen Aspekten ist es sinnvoll im Abschluss des Diskurses über das Böse in diesen Bereich zu blicken. Auf die heutigen Erziehungswissenschaften ist dieser Abschnitt deshalb begrenzt, da die Moral, wie ein Kind zu behandeln sei, eine lange, aber traurige Vergangenheit besitzt. Die schwarze Pädagogik fügt sich nahtlos in die bereits extrahierte Norm Gewalt sei etwas Böses ein und verlor dadurch ihre Existenzberechtigung. Die Anwendung physischer Gewalt gilt gemein hin als verachtenswert und Grund zur Intervention. Das Kind soll zunächst vor den bösen Einflüssen der Umwelt (Aggression, Lärm, Schmerz) geschont werden, was dem Erzieher[30] eine große Aufgabe auferlegt. In ihm vereint sich für das Kind das gesamte Gute. Das Kind akzeptiert ihn als Vorbild. Gerade hier kann unzureichende Sozialisation und die Weitergabe eines „bösen" Milieus verheerende Folgen haben. Denn der Erzieher seinerseits bewegt sich weiterhin in einem sozialen Subsystem, das sich unter Umständen der allgemeinen Norm widersetzt. Ein wichtiger Faktor bei der subjektiven Bewertung, ob eine jeweilige Erziehung gut ist, ist das eigene Ziel. Objektiv gilt es allerdings als gut, das Kind zu einem teilhabenden, mündigen und rechtschaffenen Mitglied der Gesellschaft zu erziehen. Erziehung hin zu den in Abschnitt 4 benannten Äquivalenten des Bösen gilt als Böse. Die Schuld liegt hier nicht bei den Kindern. Postman, Locke, Rousseau, Miller und viele weitere Autoren haben erkannt, dass ein Kind in seiner ursprünglichen Form keine bösen Absichten hegen kann, da es keine Normen besitzt. Es ist lediglich auf das eigene Überleben bedacht. Da die Erzieher hier nun als einzige verwirklichende Instanz erscheinen, versucht das Kind fortan alles, durch ihre Gunst seine eigene Existenz sicherzustellen.

---

[30] die Bezeichnung schließt fortwährend Eltern mit ein

Das Kind ist Summe seines Erbes und seiner Umgebung. Da der Erzieher den größten Teil seiner Umgebung darstellt, übernimmt dieser die größte Verantwortung in diesem Aspekt, ist allerdings unter Umständen als Insel im ansonsten schlechter gestimmten Kontext in seinen Handlungen begrenzt. Die Erziehungswissenschaft selber entzieht sich jedoch jeder gängigen Lösung, was hier die Bestimmung von Handlungsfeldern gegen das Böse deutlich erschwert. Festzustehen scheint jedoch, dass das Aggressionspotential des Kindes durch Strafen der Eltern, Forderungen nach unbedingtem Gehorsam und inkonsequente sowie ambivalente Verhaltensweisen der Eltern steigt.[31]

Normen werden durch negative bzw. positive Verstärkung internalisiert nachdem sie angelernt oder abgeschaut wurden.[32] Wie gut dies auch bei offenkundig bösen Überzeugungen zu funktionieren scheint, bewies das NS-Regime, welches sich als *„Institution des Bösen"*[33] mit der Hitlerjugend und pädagogischer Propaganda zunächst selbst am Leben zu halten schien. Der Begriff des Bösen selbst ist in der heutigen Gesellschaft antiquiert, da die Kirche an Einfluss verloren und greifbare Wissenschaft dagegen ihren Platz eingenommen hat. Realistische Begriffe wie „gemein" oder „unfair" werden hier zum Synonym für das Böse. Es hat sich allerdings gezeigt, dass auch Kinder diese Begriffe verstehen und einordnen können. Wie schon A. S. Neill in dem Buch „Das Beispiel Summerhill" propagiert, haben Kinder einen ausgeprägten Gerechtigkeitssinn.[34] Gertrud Nunner-Winkler betont, dass die Normenkenntnis im Kindesalter bereits sanktionsunabhängig ist und die Zuordnung verschiedener Regeln ebenfalls funktioniert. Die richtige Handlung selbst motiviert weit mehr als die drohende Sanktion bei falschem Handeln. Die Handlungen orientieren dabei an dem, was selbst gewollt wird und weniger was gefordert wird. Heutige Generationen bestechen und ein differenziertes Verhältnis zur eigenen Handlung. Reiner Gehorsam wird nicht mehr gelernt, die Norm will verstanden werden.[35] Die Konsequenz hierbei ist, dass die Erzieher eine weit größere Kompetenz für die nun in Einzelfälle aufgeteilte Normsozialisation haben, da keine einheitliche Instanz genug Macht besitzt dies für sie zu übernehmen. Hier wird der Mensch nun tatsächlich mündig, jedoch wird der Übergang schwer, aus den Vormals gelenkten Kindern nun lenkende Eltern zu machen, die Selbstbestimmt ihr Kind zum „rechten Handeln" motivieren und es nicht - in das nun finale Äquivalent des Bösen – ins „Unrecht" zu führen.

[31] vgl. N. Huppertz, E. Schinzler (1996) „Grundfragen der Pädagogik", Bildungsverlag EINS GmbH, Troisdorf, S.89
[32] vgl. Huppert S.182f
[33] vgl. Ritter S.152
[34] vgl. A. S. Neill (1971) „Das Beispiel Summerhill", Rohwolt Verlag, Reinbeck, S.57-67
[35] vgl. Ritter S.183-201

7. Quellen

Literatur

- A. Colby, L. Kohlberg et al. (1987) „The Measurement of Moral Judgement Vol 2", Cambridge University Press
- A. S. Neill (1971) „Das Beispiel Summerhill", Rohwolt Verlag, Reinbeck
- B. Roccor (2002) „Heavy Metal – Kunst, Kommerz, Ketzerei" (3.Aufl.), I-P Verlag, Berlin
- Bibel
- C.W.F. Hegel (1821) „Grundlinien der Philosophie des Rechts"
- G. Lohfink, „Der Gott des Gerichts und der Gott des Erbarmens", In: M. Hengel et al. (1986) „Heute von Gott reden", Chr. Kaiser, München
- G.Buboltz, U.Klein (1996) „Wegweisungen – Auf der Suche nach gelingendem Leben", Patmos Verlag, Düsseldorf
- I. Kant (1784) „Zur Beantwortung der Frage: Was ist Aufklärung?"; In: Berlinersche Monatsschrift, Ausgabe Dezember 1784
- I. Kant (1786) „Grundlegung zur Metaphysik der Sitten" (2. Auflage), Riga
- J. Ill-Kim (2003) „Drogenkonsum von Jugendlichen und suchtpräventive Arbeit", IKO-Verlag, Frankfurt
- J. Zirfas (2004) „Pädagogik und Anthropologie", Kohlhammer, Stuttgart
- N. Huppertz, E. Schinzler (1996) „Grundfragen der Pädagogik", Bildungsverlag EINS GmbH, Troisdorf
- P. G. Zimbardo et al. (2004) „Psychologie" (16.Aufl.), Pearson Studium, München
- W. Ritter [Hrsg.] (2001) „Das Böse in der Geschichte", Röll Verlag, Dettelbach

Internet

- http://lexikon.meyers.de/ (Stand 07.10.2008)
- http://www.vatican.va/archive/compendium_ccc/documents/archive_2005_compendium-ccc_ge.html (Stand 07.10.2008)
- http://www.dober.de/religionskritik/gott_ist_tot.html (Stand 07.10.2008)

BEI GRIN MACHT SICH IHR WISSEN BEZAHLT

- Wir veröffentlichen Ihre Hausarbeit,
  Bachelor- und Masterarbeit

- Ihr eigenes eBook und Buch -
  weltweit in allen wichtigen Shops

- Verdienen Sie an jedem Verkauf

**Jetzt bei www.GRIN.com hochladen
und kostenlos publizieren**